Charles Benoist

Une démocratie historique : La Suisse

essai

ISBN : 978-1534870666

10 9 8 7 6 5 4 3 2 1

Charles Benoist

Une démocratie historique : La Suisse

essai

Table de Matières

Introduction

Dans le vocabulaire politique, où l'on abuse tant des mots, il n'en est pas dont on abuse plus que du mot *Démocratie*. Même quand on ne s'en sert pas pour traduire une vague aspiration vers un état social, mal défini comme tout ce qui n'est que rêvé ; même quand on n'en fait pas quatre syllabes sacrées, sources d'un pur lyrisme et refrain d'un hymne à la puissance du Nombre, mystérieuse et irrésistible comme une force de la nature ; même quand on se borne modestement à le prendre au sens étroit, précis, et qui est le seul légitime, de gouvernement du peuple par le peuple, simple forme de gouvernement ; — que d'acceptions diverses ne lui donne-t-on pas encore ! ou plutôt que d'objets différents et de circonstances différentes, que de régimes au fond différents ne range-t-on pas sous cette même étiquette !

C'est ainsi qu'on dit tout d'un trait : la démocratie suisse, la démocratie française, la démocratie américaine, sans réfléchir qu'entre la première et la deuxième, entre la deuxième et la troisième, il y a plus que la hauteur des Alpes ou la largeur de l'Océan. La démocratie suisse, par exemple, est historique et traditionnelle ; la démocratie américaine s'est établie d'un coup dans un pays neuf ; la démocratie française, au contraire, est comme une jeune greffe entée sur un vieil arbre monarchique.

La démocratie helvétique et la démocratie américaine se sont, dès l'origine, appliquées toutes les deux et n'ont pas cessé de s'appliquer à un État fédératif ou à une confédération d'Etats ; la démocratie française, au contraire, vient se superposer, sur le tard, à un État unitaire et centralisé. La démocratie helvétique et la démocratie américaine existant depuis toujours, depuis que la Suisse est née et que sont nés les États-Unis, l'une depuis cent ans, l'autre depuis six cents ans, la démocratie française se trouve être la première expérience de ce genre qui ait été tentée dans le monde moderne, au milieu des conflits et des combats qu'a déchaînés un siècle de révolutions politiques, sociales, industrielles et scientifiques.

Les différences, on le voit, sont si profondes qu'elles vont presque jusqu'à l'opposition, jusqu'à la contradiction. Pour ce qui est de la Suisse fédérale, voici, à ce qu'il semble, les points essentiels : c'est une démocratie de par toute son histoire et toutes ses constitutions ; une démocratie par toutes ses institutions, politiques, judiciaires, administratives, économiques, civiles ; une démocratie, enfin, par ses coutumes et ses mœurs, du président de la Confédération au dernier des pâtres de montagne et de la plus grande ville au plus petit village. C'est une démocratie mixte ou, si l'on veut, une démocratie double : à la fois directe et représentative ; une démocratie représentative, composée de démocraties plus ou moins directes.

Partie I

La Suisse est une démocratie de par toute son histoire. Elle est, de naissance, une démocratie. Dès qu'elle apparaît sur la carte, dès qu'apparaissent ses premiers éléments, dès ce moment, elle est démocratique. Il serait à peine paradoxal de dire qu'elle l'était avant sa naissance, lorsque les cantons forestiers du bord du lac, Uri, Schwyz et Unterwalden, n'étaient, eux aussi, que des terres sans vie, sans nom qui leur fussent propres, entourées d'autres terres sans vie et sans nom, à la limite des langues, vers le point de jonction des trois royaumes impériaux. Ils s'étaient affranchis déjà des seigneuries intermédiaires, princes ecclésiastiques et séculiers, comtes de Kybourg et d'Habsbourg. A défaut d'autre liberté, ils avaient réclamé et obtenu de bonne heure la liberté sous l'Empire et sous l'Empereur, et ils en parlaient comme d'une possession immémoriale [1]. Lorsqu'on 1241, Frédéric II, excommunie, forcé de reconquérir les Romagnes château par château, leur envoya des messagers pour leur demander aide, comme à de fidèles vassaux, ils répondirent « qu'ils étaient par leurs pères des peuples libres, ne devant service à l'Empire qu'en pays allemands, » et ils exigèrent une lettre « reconnaissant bien qu'ils sont libres, et que c'est de libre et franche volonté qu'ils se soumettent à son commandement dans les affaires de l'Empire romain. »

Uri, peut-être, était plus libre et libre plus tôt que Schwyz, qui l'était plus et plus tôt qu'Unterwalden. Mais, à la fin du XIIIe siècle, ils l'étaient assez tous les trois pour conclure ensemble une alliance qui devait être le pacte fondamental de la Confédération helvétique. Par cet écrit, qui rappelait un serment oral plus ancien, « les hommes de la vallée d'Uri, la commune de la vallée de Schwyz et la commune de la vallée inférieure d'Unterwalden » faisaient savoir à tous que, « ayant considéré la malice des temps, ils avaient pris de bonne foi l'engagement de s'assister mutuellement de toutes leurs forces, secours et bons offices, tant au dedans qu'au dehors du pays, envers et contre quiconque tenterait de leur faire violence, de les inquiéter en leurs personnes et en leurs biens. » On voyait bien encore traîner le bout des lisières féodales : « Le tout sans préjudice des services que chacun, selon sa condition, doit rendre à son seigneur. » Mais c'était là une réserve de forme. Les confédérés, — le texte latin dit *Conspirati*, — se regardaient évidemment comme libres, maîtres d'eux-mêmes et portant en eux-mêmes un droit auquel nul autre droit n'était supérieur, le principe d'une autorité, sinon tout à fait pleine, suffisante au moins pour ne se laisser ni supprimer ni opprimer par aucune autre.

Ils statuaient et ordonnaient, en tant qu'hommes libres et unis des trois vallées d'Uri, de Schwyz et d'Unterwalden : « Nous statuons et ordonnons, d'un accord unanime, que nous ne reconnaîtrons point, dans les susdites vallées, de juge qui aurait acheté sa charge à prix d'argent ou qui ne serait indigène et habitant de ces contrées. » C'est ce que, seize ans plus tard, allaient jurer solennellement, dans la prairie commune du Grütli, sous le grand ciel libre, au pied des grands monts libres, les gens venus des Waldstätten, parmi lesquels ceux qui s'appelaient ou que la légende a appelés Walter Fürst, d'Uri, Werner Stauffacher, de Schwyz, et Arnold du Melchthal, d'Unterwalden. Une fois de plus, la liberté se révélait et s'affirmait comme fille de la forêt, et, par un mythe simple et touchant, où tout un peuple a mis son âme et qui demeure plus vrai que la vérité extraite des parchemins, qui est de la vie et qui est sa vie, la Confédération helvétique naissante s'incarnait dans un paysan, bûcheron, chasseur et pêcheur. L'histoire et la légende s'accordent en ceci : la Confédération naissante est une démocratie rurale. La géographie elle-même veut que la Suisse soit une démocratie, une confédération de petites démocraties. C'est dans un coin âpre et sauvage, près d'un lac déchiqueté et comme étranglé par des rocs, que la Suisse a été engendrée, de père paysan et de mère paysanne, il y a plus de six cents ans. Le Righi et le Seelisberg ont d'abord été les pôles de ce monde minuscule, auquel le vaste monde, tout voisin, demeurait étranger. — Une série innombrable de gorges étroites et déchirées, descendant, s'éboulant, se précipitant des hautes murailles qui forment l'arête, l'épine dorsale de l'Europe, la ligne de partage des eaux, juste assez larges pour qu'un torrent y puisse creuser son lit et contraignant des fleuves tels que le Rhône et le Rhin, si orgueilleux plus bas, plus loin, à n'être d'abord que des torrents ; deux séries innombrables de gorges, orientées, celles-ci du nord-est au sud-ouest et celles-là du sud au nord, se rencontrant, se heurtant, se coupant, s'enlaçant, s'enchevêtrant, se soudant en un bloc compact, dur et solide noyau de la Suisse, qu'aucune étreinte n'a pu broyer. Autour de ce noyau résistant s'est lentement, peu à peu, agrégée la Confédération helvétique. En premier lieu, Lucerne, à la pointe septentrionale de l'étoile que fait le lac, puis la ville impériale de Zurich, puis Glaris, puis Zug et puis Berne [2] : les Trois Cantons confédérés, liés par serment, *conjurés*, sont devenus les Huit Cantons ; le bloc a grossi, en se maintenant compact, sans fissure, et sa masse plus pesante tend à se détacher plus vite et plus violemment de l'Empire.

Ce n'est plus, il est vrai, ou ce n'est plus exclusivement une ligue, une république de paysans : aux cantons forestiers se sont joints des cantons urbains. Ce n'est plus une ligue de démocraties absolues ; les huit cantons confédérés ne sont pas tous également démocratiques. Ceux qui avaient rédigé et signé l'acte perpétuel de 1291 ; ceux qui, dans la nuit du Grütli, le 17 novembre 1307, avaient levé la main devant Dieu, le prenant à témoin de leurs paroles, étaient sans doute de conditions diverses : nobles, gens de métier, bergers ou laboureurs, mais tous étaient les hommes égaux et libres des vallées libres et égales d'Uri, de Schwyz et d'Unterwalden. Les magistrats des Waldstätten sortaient du peuple et rentraient dans le peuple : bourgeois n'y voulait dire que citoyen. Mais les villes, Lucerne, Zurich et Berne, villes à privilèges, à ordres, à classes, à corporations, à fonctions souvent héréditaires, avaient, pour elles, leurs bourgeois qui étaient vraiment des bourgeois et qui, en cette qualité, ne désiraient rien tant que de jouer aux seigneurs et d'avoir des sujets. De là, cet aspect belliqueux et quasi conquérant que la Confédération revêtit au XVe siècle ou que lui donnèrent, malgré elle, l'ayant revêtu pour leur compte, quelques-uns de ses membres, les plus forts, les plus influents, les villes, Zurich et Berne, élevées tout de suite au rang de premier canton, de *Vorort*, de canton directeur. De là, la réduction en bailliages de l'Aargau et du Thurgau, jusqu'au Rhin et jusqu'à Constance. De là, dans la Confédération, des éléments moins démocratiques, si ce n'est un peu oligarchiques, et moins de démocratie dans la structure même de la Confédération. Les villes qui se gouvernent par des conseils sont peu sympathiques aux cantons ruraux, qui se régissent par des *landesgemeinden*, des assemblées populaires, des Champs-de-mai, comme des Barbares. Dans le groupement officiel, la Confédération des Huit Cantons, deux groupements plus intimes, par affinités naturelles, s'effectuent ou se dessinent parfois : d'une paît, Lucerne, Zurich et Berne ; de l'autre, les Waldstätten, Glaris et Zug. Les villes sont moins démocratiques ; les cantons ruraux le sont davantage, mais on ne peut contester que l'ensemble, à le juger en gros, ne soit une confédération de démocraties. Les villes sont sans horizon, bornées, emprisonnées par des montagnes, et, comme les vallées ceintes de pics infranchissables, vouées *géographiquement* à la démocratie.

Une ligue de cantons indépendants en fait, qui s'établit au confluent de trois langues, de trois races et de trois civilisations, à l'intersection de la politique française et de la politique allemande, qui peut, à son gré, ouvrir ou fermer les routes d'Italie ; ligue assez redoutable pour qu'on n'essaye pas de la briser par la force, auxiliaire assez utile pour qu'à tout prix on tente de se le concilier ; Etat diffus, un peu rudimentaire, aux ressorts lourds et médiocrement ajustés, qui de temps en temps se déboîtent ou divergent ; s'il faut tout dire d'un seul mot et répéter toujours le même mot : République de paysans, confédération de républiques paysannes, avec les qualités et les défauts du paysan : laborieuse, endurante, avisée, amie de l'argent ; avec des vues très courtes, mais très nettes, dont la plus nette est celle-ci : demeurer libre et faire du profit, en se gardant des deux côtés et en recevant des deux mains ; au résumé, une démocratie. C'est bien ainsi que, durant ses trois premières époques, du XIIIe siècle à la fin du XVIIIe siècle, en trois cantons, en huit cantons, en treize cantons [3], la Confédération helvétique fait devant l'Europe figure de nation. Cette constitution de la Suisse en nation, la géographie la rend très pénible et le droit public européen ne la reconnaît que fort tard. Jusqu'au traité de Westphalie, jusqu'en 1648, la Confédération helvétique n'est pour lui qu'une ligue dans l'Empire, *la Ligne de la Germanie supérieure.* Les empires et les royaumes hésitent à légitimer une république issue d'une conjuration de paysans. On espère rompre et dissoudre une nationalité aussi fragile encore ; elle n'est défendue et sauvée que par ses institutions démocratiques. Les émissaires du roi de France intriguent dans certains cantons, les agents de l'empereur dans d'autres. Par l'or français et par l'or allemand, « répandu en public et semé dans le particulier » tout le pays est « empoisonné [4] ». Tout le pays, ce serait trop dire. A la vérité, la Diète, qui est comme le gouvernement central de la Confédération, — ou qui le serait s'il y avait alors en Suisse un gouvernement central, — qui est l'assemblée générale des députés de tous les cantons, est assiégée, sollicitée par les ambassadeurs des puissances étrangères. Mais la Diète n'est pas une Chambre souveraine : elle n'est qu'une conférence d'envoyés, munis d'instructions qui ne sont pas moins que des mandats impératifs. Elle écoute, discute, délibère, s'ajourne et ne décide rien. Faute d'instructions, les députés doivent remettre à plus tard toute résolution ; c'est une échappatoire pour eux, et ils en usent, le tempérament national étant fait de lenteur et de prudence. Aussi que de Diètes en travail et de Diètes travaillées, « enfantent un berlingot [5] ! » De douze ou treize cantons, le roi de France se flatte d'en avoir quatre et l'empereur d'en avoir huit, mais, — la remarque vient d'un homme qui s'y entend, — l'empereur et le roi, s'ils s'y fiaient, seraient « l'un mal servi, et l'autre, pis [6]. »

L'antidote au fatal poison qui corrompait et à la longue détruirait le corps helvétique existe, par bonheur, et ne perd point de sa vertu : c'est le farouche amour de la liberté, amour plus fort que l'or et plus fort que la mort. C'est le vieil esprit démocratique, qui s'est conservé sans altération et qui fait que, si plusieurs se laissent marchander, personne n'a assez de pouvoir pour vendre ni les treize cantons, ni un seul canton. Ici, en général, au point de vue politique, pas de différence entre les citoyens ; pas de princes, pas de gentilshommes : des magistratures temporaires et, sous la loi faite pour tous et par tous, « une libre liberté [7]. » Mais la terre est avare et la race vigoureuse : par ce temps d'armées mercenaires, la Suisse doit être, pour l'Europe, comme une foire aux soldats.

Les uns vont servir en Allemagne, les autres en France, et de la sorte encore se créent et s'entretiennent, dans la Confédération, un courant allemand et un courant français. Jusqu'au traité de Westphalie, il semble que le courant allemand l'emporte ; après 1648, c'est le courant français. Mais ni le courant allemand ni le courant français ne menacent sérieusement d'emporter la Suisse : il leur faudrait submerger un peuple de treize peuples.

La longue pratique de la démocratie préserve aussi efficacement la Suisse d'un autre péril non moins grave. Sans nul doute, l'unité de la Confédération, son unité morale et presque son unité politique, a été, au XVIe siècle, soumise à une cruelle épreuve. La réforme est, à cet égard, le fait le plus considérable de l'histoire, non seulement religieuse, mais politique de la Suisse. De tout temps, et comme toutes les démocraties primitives, la Confédération helvétique avait été, en quelque sorte, frappée à une effigie religieuse. L'acte d'alliance de 1291 est dressé : *Au nom du Seigneur, amen !* Le serment du Grutli est un serment sacré. Les *landsgememden*, les assemblées populaires et les diètes, les assemblées des députés, commencent et finissent par des prières ; la religion est le grand aliment et le grand moteur de la vie publique, dans l'ancienne Confédération. Or les prédications de Zwingli peuvent avoir et ont pour effet de couper la Suisse en deux tronçons. La question n'est pas réglée par la bataille de Cappel, car c'est un mauvais théologien que la hache. Il y avait déjà des cantons urbains et des cantons ruraux, des cantons à tendances françaises et des cantons à souvenirs ou à préférences germaniques : il y aura désormais des cantons catholiques, des cantons protestants ; il faillit y avoir une Suisse catholique et une Suisse protestante. De même que l'alliance était plus intime entre les villes, d'une part, et les Waldstätten, de l'autre ; de même, les cantons catholiques, d'une part, et d'autre part, les cantons protestants sont enclins à former des ligues séparées, à se constituer en deux groupements distincts et opposés. Logiquement, il en devait être ainsi, dans un petit pays, dans un assemblage de petits pays alliés, mais indépendants, plutôt juxtaposés que réunis, et placés entre deux grandes puissances dont ils subissaient l'attraction, la France catholique, l'Allemagne protestante. Et, de fait, il en fut très longtemps ainsi. Les partis politiques, en Suisse, furent longtemps des sectes religieuses et, plus ou moins dissimulé, le différend religieux fut longtemps au fond de tous les débats.

Mais, la première flamme éteinte, ce différend, comme les autres, fut tranché selon la méthode démocratique, à la majorité des voix et il eut sa solution, une solution démocratique, dans la liberté et l'égalité. L'ardeur tombe avec les années ; la passion ne s'arme plus du glaive ou ne s'en arme que rarement ; il n'est pas sans exemple que les intérêts humains viennent à la traverse des convictions, spirituelles [8]. Tout transige en ce monde, même ce qui, de nature, est le plus intransigeant. Au XVIIIe siècle, des communautés catholiques vivent tranquillement au milieu de cantons protestants et des enclaves protestantes, au cœur de cantons catholiques. C'est une espèce d'idylle après la tragédie ; c'est, en tout cas, une trêve dans la lutte. L'Encyclopédie a passé par là, ou elle va passer. Les fils de famille qui reviennent des armées du roi rapportent les œuvres de Voltaire, de Rousseau, de Diderot, de d'Alembert [9]. Catholiques et protestants s'en nourrissent ou s'en amusent à l'envi. Les protestants y ajoutent les écrits des rationalistes allemands. Des loges maçonniques se fondent partout, dans les cantons catholiques aussi bien que dans les cantons réformés. En cette tolérance mutuelle, il entre assurément beaucoup d'indifférence. A l'on ne sait quels sourds frémissements, on devine, même dans ces hameaux perdus, qu'une crise de la civilisation est proche.

A cette crise de l'Europe entière, une petite fraction de l'Europe, la Confédération helvétique, résiste mieux que toutes les autres. La démocratie historique se garde et la garde de la folie de l'absolu, qui fut le grand ennemi de la Révolution française. La Révolution fondit sur la Suisse comme un orage ; elle creva sur elle en une pluie de fer et de feu. Quand elle se fut éloignée, il sembla qu'elle eût tout rasé, tout détruit. Au lieu de l'ancienne Confédération des treize cantons, de treize républiques confédérées, une seule République helvétique où chaque canton n'était plus qu'un département sans autonomie, sans physionomie, une République *une et indivisible* faisait effort pour se dresser. Au lieu des vieilles libertés historiques, elle apportait, en la vantant comme d'essence supérieure, la liberté selon la formule nouvelle, mise à la mode jacobine, distribuée par portions égales à une Suisse administrativement partagée en provinces égales, une abstraction au lieu des réalités positives. Mais cette métaphysique alla se heurter et se briser aux circonstances physiques. Une idéologie dédaigneuse des faits, le besoin de se déverser, de se prolonger, de se reproduire au dehors et comme une sainte fureur d'apostolat, de prosélytisme, empêchaient la Révolution de comprendre que la nature extérieure est une des bases de l'Etat ; que l'Etat est toujours, dans sa forme, ce que la géographie commande ou permet qu'il soit. Quelque violente qu'ait été une tempête, elle ne suffit pas à changer le climat ni le relief du sol. Ainsi de la Révolution : elle ne put abattre les montagnes, éternelles cloisons entre un canton et l'autre.

Ce vain essai de république unitaire, dans un pays qui n'est qu'une succession de vallées dont chacune est, géographiquement, une république séparée, ne tarda pas à être jugé et condamné. Napoléon lui-même, le terrible centralisateur, vit bien que la centralisation n'est pas une fleur des Alpes. Il vit bien qu'il fallait, ou ne point laisser une pierre de ces murs de granit, percer les massifs et niveler les chaînes, ou rendre aussitôt à la Suisse des institutions historiques qui sortaient de la terre et s'y liaient indissolublement, parce qu'ici plus que n'importe où la terre tenait l'homme et avait fait l'Etat.

Il rompit avec cette chimère de la République helvétique, une et indivisible comme la République française. L'Acte de médiation fut une amende honorable à l'histoire, que la Révolution avait, en Suisse, outragée et reniée. Napoléon y fait de la politique réaliste et concrète ; quoiqu'il ne se meurtrisse pas la main à vouloir pétrir le roc helvétique comme il a façonné l'argile plus meuble de la France, néanmoins il y met sa marque. Il prend les treize cantons anciens, il y joint six Etats alliés ou terres sujettes : Saint-Gall, les Grisons, Argovie, Thurgovie, le Tessin et Vaud ; mais il a soin de travailler sur l'histoire et avec l'histoire. Elle lui fournit la matière première, qu'il modifie plus qu'il ne la transforme. Ce n'est pas la République unitaire, imaginée et créée de toutes pièces en 1798, et ce n'est plus tout à fait l'ancienne Confédération décrite par les auteurs et reconnue au traité de Westphalie, ligue d'Etats que la fortune ou le calcul a faite, que la fortune ou le calcul peut défaire, sans lien permanent, sans lien de chair. Il y avait auparavant treize membres et point de corps qui eût son existence propre, qui à

Charles Benoist

peine eût quelque existence autre que les treize vies locales des treize cantons : il y a maintenant un corps en dix-neuf membres et, bien qu'ils ne soient pas privés de toute liberté de mouvement, cependant une volonté commune, un sens plus haut d'une mission nationale plus large, détermine leurs mouvements divers, les dirige et les coordonne. Ce n'est pas l'Etat centralisé, de style français et d'inspiration jacobine, mais ce n'est déjà plus l'Etat éparpillé ou, pour mieux dire, une mosaïque d'Etats ; ce n'est plus l'Etat acéphale. L'histoire n'est point abolie ; elle n'est point interrompue : elle tourne.

Quelque chose apparaît déjà, qui ne s'impose pas encore par son évidence : un embryon d'Etat central, de pouvoir central, le germe de la Confédération moderne. Mais, ce n'est déjà plus une confédération d'Etats et, si ce n'est pas encore l'Etat fédératif, au moins va-t-on s'en rapprocher au fur et à mesure que le germe va s'épanouir et que l'embryon va se développer. L'évolution de ce germe, de cet embryon de pouvoir ou d'Etat central est, à elle seule, toute l'histoire de la Suisse depuis le commencement du siècle. La croissance de l'Etat central, les résistances des Etats particuliers ; la croissance du pouvoir central, les résistances des pouvoirs cantonaux ou des libertés cantonales ; les tentatives d'expropriation graduelle des anciens Etats historiques par l'État politique et juridique moderne, dans toute l'histoire de la Suisse au XIXe siècle, pour qui la regarde en philosophe, il n'y a guère que cela. Agrandissements de territoire, comme celui de 1814 qui portait définitivement à vingt-deux le nombre des cantons [10], modifications et retouches à la constitution, quel que soit l'article révisé, luttes des partis et troubles civils même, ces faits et les autres sont secondaires par rapport au fait que, dans la Confédération moderne, depuis le commencement du siècle, un embryon d'État ou de pouvoir central, au-dessus et au travers de tous les faits, poursuit régulièrement son évolution. Mais il la poursuit sur un champ et comme dans un cadre historique. Entre la plus récente et la plus ancienne histoire de la Suisse, les communications ne sont pas coupées : ce sont deux parties du même tout, et qui n'ont pas cessé de se tenir et de s'attirer par une multitude de fils. L'État ou le pouvoir central est, au début, assez vague, assez relâché, peu stable et comme intermittent. Il n'est pas muni de tous ses organes.

Jusqu'en 1848, il n'a pas, à proprement parler, de législature, si l'on ne peut donner pour une législature la Diète, qui est toujours une réunion d'envoyés des cantons à attributions rigoureusement circonscrites, et de tout près, par un mandat impératif. Mais voici que deux nouveaux courants se forment, de l'un à l'autre desquels flotte et se trouve entraînée la Confédération nouvelle : un courant centraliste ou fédéraliste, un courant régionaliste ou plus exactement cantonaliste, n'allant pas, le premier jusqu'à l'unification parfaite, le second jusqu'à la séparation radicale, mais agissant, le premier dans le sens de l'extension, le second dans le sens de la restriction du pouvoir central. Toutefois, courants nouveaux et Confédération nouvelle jaillissent de l'histoire. Ils découlent d'elle et elle coule en eux. Le courant fédéraliste est de plus en plus puissant et le devient d'autant plus qu'il draine et canalise les anciens courants, s'en grossit et les fait servir à une même fin. On n'oserait dire qu'il les absorbe, mais il les recouvre ou il s'en recouvre suivant les cas, et notamment le courant centraliste moderne a trop souvent capté de la force à l'ancien courant religieux. Le courant allemand et le courant français s'affaiblissent lorsque, plus haut que le patriotisme cantonal, réclame sa place et s'affirme un patriotisme fédéral, le patriotisme helvétique, quand la Suisse devient assise, comme une nation parmi les nations, dans sa neutralité garantie par l'Europe. — D'une manière générale, toutes ces forces historiques, tous ces courants ne s'abîment pas, ne s'annihilent pas ; comme le Rhône, ils entrent sous terre, mais ils s'y frayent un chemin et ils en ressortent ; ils continuent leur travail séculaire dans le sous-sol de la Suisse contemporaine.

La politique suisse, en ce siècle, est affectée et dans une certaine mesure déterminée par les dix siècles de l'histoire suisse. Moins que partout ailleurs l'histoire, en Suisse, est une chose morte, et moins que partout ailleurs, elle y charrie des formes mortes. Dès 1291, la Suisse était une ligue de républiques et, de nos jours encore, elle est une république de républiques ; de nos jours, elle est une démocratie et, dès l'origine, si tous les cantons n'étaient pas également démocratiques, chacun d'eux pourtant l'était bien à quelque degré. Aucun pays, grand ou petit, n'est, dans le changement du monde, resté autant que la Suisse identique à soi-même. Hétérogène quant à sa formation géographique, aucun pays n'est, autant que ce pays, homogène de la profonde et suprême homogénéité de l'histoire.

Que, par sa constitution même, la Suisse soit une démocratie dont les racines plongent très avant dans l'histoire, on croit l'avoir montré ou du moins laissé entrevoir ; qu'elle soit une démocratie historique, par ses institutions civiles, ses coutumes et ses mœurs, c'est, maintenant, ce qu'on voudrait établir. Mais, pour le faire, il faut sortir des généralités et raisonner sur une espèce, analyser dans le détail la vie publique d'un canton suisse pris entre les XXII Cantons et non point sans doute au hasard, mais un de ceux où la démocratie passe pour avoir, politiquement et économiquement, son expression la plus complète.

S'il résulte de cette analyse que, politiques ou civiles, toutes les institutions de ce canton touchent, en effet, à l'extrême démocratie et que les coutumes, les mœurs y sont aujourd'hui sensiblement pareilles à ce qu'elles étaient aux extrêmes confins de l'histoire ; si les idées et les choses de ce temps, celles qui portent en elles-mêmes le plus de force, doivent, pour y pénétrer, se couler et se conformer au moule traditionnel ; si ce qui est vrai de ce canton l'est plus ou moins aussi de tous les autres, alors il y aura une raison de plus pour définir la Suisse « une démocratie historique », et peut-être il ne sera pas impossible d'en formuler la loi à peu près ainsi : Quoi qu'il arrive en Suisse, il n'y arrivera rien qui ne soit une conséquence de toute l'histoire et comme une projection dans le présent de tout le passé des cantons et de la Confédération. La démocratie suisse, c'est de l'histoire en mouvement.

Partie II

Le canton des Grisons peut être pris pour type de cette extrême démocratie et de cette démocratie historique, dont se rapprocheraient, à des intervalles inégaux, les vingt et un autres cantons de la Confédération helvétique [11]. Des Alpes d'Uri aux Alpes rhétiques et du mont Saint-Gothard à la frontière autrichienne, il couvre la sixième ou la septième partie de la superficie totale de la Suisse, englobant les vallées quasi parallèles de l'Inn, du Rhin postérieur et du Rhin antérieur.

Une de ces vallées, la dernière, celle du Rhin antérieur, est particulièrement intéressante. Lorsque, parti, le matin, de Gœschenen ou d'Andermatt, au sortir du val d'Urseren, on s'est élevé, par une route en lacets et pendant plus d'une heure, le long des pentes dénudées de l'Oberalp, montant et tournant toujours, et, à chaque nœud que fait le lacet, se trouvant quelques mètres plus haut plutôt encore que quelques mètres plus loin ; avec le village tout au fond, vu comme à vol d'oiseau, en raccourci, ramassé sur lui-même, entouré d'arbres si rares, si rigides, et si blanc, si vert, si luisant dans l'air transparent qu'on dirait un jouet de Nuremberg ; après avoir côtoyé le petit lac d'une couleur de plomb, qui dort d'un sommeil de marais, en ses tourbières, au sommet de la passe ; par une autre route en lacets, on redescend et l'on entre dans une vallée dont les bords, d'énormes montagnes, semblent s'avancer pour se rejoindre, écrasantes et étouffantes, noires de leurs forêts de sapins, sous l'étincelante tâche des glaciers et mouchetées, marbrées de pâturages, clairs entre deux bois sombres ; — aussitôt il tombe sur vous on ne sait quoi de grand, d'une grandeur un peu monotone et triste.

L'étroite route, le plus souvent, est, d'un côté, à pic sur des abîmes dont la séparent des bornes, mises là bien plus pour en marquer la direction, l'hiver, quand la neige s'est amoncelée, que pour arrêter les chutes, s'il s'en produisait ; de l'autre côté, elle est comme collée à de gigantesques parois de rocher, au flanc desquelles, de lieue en lieue, grimpent et s'accrochent des maisonnettes très primitives : cabanes rustiques, faites de planches longues et couvertes de planchettes carrées, que la résine, de ses larges coulées, a, pour ainsi dire, peintes en un rouge brun et qui ajouteraient encore à la désolation majestueuse du paysage, si chacune d'elles n'avait sa « chambre des fleurs » où les géraniums et les fuchsias mettent la joie de leur rouge vif. Près de ces maisons de bois, des étables de bois et des greniers de bois, construits de gros ais à peine équarris et mal joints, exhaussés et perchés sur de fortes poutres, ainsi que des habitations lacustres sur leurs pilotis, si peu fermés que le vent y circule à l'aise, gelant et raidissant les quartiers de viande qui, sans autre préparation, fourniront la nourriture de l'année.

Devant et derrière, des séchoirs à fourrages — sorte d'échelles ou de râteliers protégés par un petit toit, — tendent leurs montants comme des bras, se découpent en silhouettes étranges. Le fumier envahit les cours ; de grands porcs fauves se promènent par troupeaux, fouillant la terre du groin, ou se chauffent au soleil, nonchalamment, le ventre gonflé, avec des attitudes de bêtes mortes. Un carillon de clochettes : ce sont les vaches ou les chèvres qui viennent boire à des auges creusées dans un tronc d'arbre et semblables à des pirogues africaines ; un filet d'eau limpide y coule, en chantant, plus doucement, la chanson du torrent voisin. Des forêts, des glaciers, des rochers, des torrents, des ravins, des villages enfumés, de l'ombre, et tout à coup, comme au val Tavetsch, la nappe lumineuse des prés ou des blés : ainsi se déroule on ruban cette vallée du Vorderrhein, toute pleine d'églises, de chapelles et de chemins de croix égrenant leurs stations sur les collines, — que domine l'abbaye de Disentis et que barre l'évêché de Coire.

Tel est le pays, d'une grandeur sévère et comme religieuse ; les hommes y sont d'une politesse fière et digne. Ils vous saluent, quand vous passez, d'un « bonsoir » en langue romanche où l'on sent la cordialité d'un accueil tout patriarcal. L'étranger qui séjourne ici devient véritablement un hôte. Il faut qu'ils sachent qui il est, d'où il est et ce qu'il veut faire : dès qu'ils le savent, ils l'adoptent, et, chez eux, il se retrouve chez lui. Lui, cependant, s'il est Français et s'il saisit quelques mots de cet idiome mêlé de latin et de celtique et qui ne serait guère, suivant certains auteurs [12], que du latin défiguré par la prononciation celtique, il lui paraît qu'il marche dans la liberté et que c'est de l'égalité qu'il respire. L'idée de « démocratie » s'impose à lui comme une obsession, par l'image d'une démocratie calme et grave, où toutes les affaires sont les affaires de tous et se traitent sans éclat, mais sans désordre. Il est frappé de l'air sérieux dont le paysan qui coupe de l'herbe dans son champ ou casse des pierres sur le chemin parle des choses qui le regardent comme citoyen et de l'air sérieux dont il écoute des choses qui ne le touchent pas ou ne le touchent que de très loin et dépassent de beaucoup le cercle de sa vie et de ses connaissances. Et rien, en revanche, ne peut rendre l'air d'estime profonde avec lequel tel personnage universellement réputé pour ses actes ou pour ses œuvres parle à ce dernier venu, qui est son égal, au moins en liberté, en droit et en considération, dans cette démocratie dont ce n'est pas assurément le moindre miracle qu'elle semble ignorer et la vanité et l'envie.

La cause en est sans doute que, dans la démocratie paysanne et montagnarde des Grisons, il n'y a ni riches ni pauvres. De Tschamut à Trons et au-delà, on ne voit pas un seul château, et l'on serait embarrassé de citer une propriété de quelque étendue ; mais non plus, de Tschamut à Trons, on ne rencontre pas un mendiant. La belle aisance de là-bas ferait sourire, si elle ne le faisait souffrir, un humble rentier de nos villes. Ils y sont bien, en vérité, les deux termes de l'équation : démocratie et médiocrité ! Mais cette démocratie, consolation et récompense de cette médiocrité, tout le monde l'aime, aux Grisons, d'un viril et robuste amour. Le poète Anton Huonder en a très fortement exprimé la puissance dans les cinq strophes du *Paysan souverain*, dont on ne craint pas de dire qu'elles contiennent toute la nature et tout l'homme, tout le pays et toute la race, les Alpes grisonnes et le peuple grison.

C'est mon roc, c'est ma pierre — Ici, je pose solidement mon pied — C'est l'héritage de mon père — Et je ne le dois à personne.

C'est mon champ, c'est mon étable — C'est mon bien et mon droit — Non, je ne le dois à personne. — Je suis, ici, le roi.

Ce sont mes enfants, mon propre sang — Que le bon Dieu m'a donnés. — Je les nourris de mon propre pain — Ils dorment sous mon toit.

O libre, libre pauvreté ! — Héritage de mes pères — Je veux vous défendre avec courage — Comme la prunelle de mes yeux.

Oui, libre je suis né — Tranquille je veux dormir — Et libre j'ai grandi — Et libre je veux mourir [13] !

La « libre pauvreté », la « liberté », « libre, libre, libre ! » reviennent en ces vers comme le thème principal, comme un *leitmotiv*, comme l'unique pensée et l'unique désir. Ecoutez, le dimanche, à l'issue de la messe, ce que disent les hommes assis en rond tout autour de l'église ; et le dimanche soir, écoutez ce que chantent, sous la direction de leur capitaine, les *Compagnies de la jeunesse*. Prose très vulgaire ou poésie très noble, choses du village ou vieilles épopées, ce ne sont que des hymnes à la liberté. « Nous qui sommes enfants des rochers, nous que les vallées ont nourris, nous que les sommets ont vus naître, voudrions-nous être vassaux [14] ? »

Et comment ne pas le remarquer ? La liberté est associée à la nature : les libres rochers, les libres vallées, les libres sommets font les Grisons libres. La liberté devient pour eux comme une loi physique ou physiologique, comme une condition de l'être, et il leur serait aussi difficile de se passer d'elle que de la viande séchée qu'ils mangent, du Weltliner qu'ils boivent, du lait, du beurre et de l'air des Alpes. Associée à la nature, elle ne l'est pas moins à l'histoire : elle vient à eux, légalement, en légitime succession, du fond des temps : « C'est l'héritage de mon père. — Héritage de mes aïeux » ; et ils y tiennent d'autant plus qu'elle est à peu près tout leur bien : « Qui nous met sous un toit — En notre pauvreté ? — O libre, libre pauvreté ! » O pauvreté libératrice ! un petit peuple l'a épousée dans l'Oberalp, comme François d'Assise, autrefois, aux monts ombriens, et, comme le saint y cherchait la promesse des célestes félicités, le peuple y sait trouver le gage de l'indépendance et de la paix. Que peuvent être les institutions politiques de ce peuple, qui a fait vœu de liberté[15], chez qui, dans la parfaite égalité de droit, il n'y a point de grandes inégalités de fortune, — sinon libérales et démocratiques ? Aussi le sont-elles, et jusqu'à l'extrême. Cinq membres élus pour trois ans composent son gouvernement. Ils sont nommés au suffrage direct par les citoyens de tout le canton. Ils doivent tout leur temps aux affaires publiques [16], et se partagent les divers départements de l'administration [17]. Ils représentent, dans le canton des Grisons, le pouvoir exécutif, mais un pouvoir exécutif à attributions assez réduites.

Le Grand-Conseil y représente le pouvoir législatif. Il siège à Coire, chef-lieu du canton, et se compose de 72 membres ou députés, renouvelés par l'élection, de deux en deux ans, le premier dimanche de mai. Le gouvernement prépare le rôle des projets qui leur sont soumis et le leur fait tenir avant les séances. Ils ont le droit de motion et d'interpellation [18]. Mais le Grand Conseil, lui aussi, n'a que des attributions réduites : l'autorité de ce pouvoir législatif est limitée de plus près encore que celle du pouvoir exécutif [19].

Par quoi ? Bien qu'on n'aime pas à se servir du mot « souveraineté », dont l'emploi a toute sorte d'inconvénients, on peut, en ce cas, y recourir, puisque, aussi bien, il s'agit d'une collectivité « qui n'a pas de supérieur humain [20] en dehors d'elle-même » : le pouvoir du Grand-Conseil, dans le canton des Grisons, a sa limite toujours prochaine, et elle n'est autre que la souveraineté populaire. Il propose les lois plus qu'il ne les adopte et il les élabore plus qu'il ne les fait. Le peuple ne manque jamais d'avoir la dernière raison. Il l'a, par l'*initiative* qui est la forme active ou positive, et par le *referendum*, qui est la forme passive ou négative, dans lesquelles il exerce sa souveraineté.

Au référendum sont soumis, de droit : tout changement à la constitution, tout traité que le canton peut conclure avec d'autres Etats ou cantons en vertu de son indépendance, restreinte par la constitution fédérale, toute loi, de quelque nature qu'elle soit, judiciaire ou administrative [21]. N'est-ce pas le référendum obligatoire, universel, quotidien dans le sens qu'il s'applique à tout ce qui peut faire et fait tous les jours la vie publique du canton ? Et, par lui, n'est-ce pas la démocratie directe enserrant, surveillant, contrôlant, corrigeant la démocratie représentative ? N'est-ce pas la souveraineté du peuple constante, continue, permanente ?

Mais ce serait peu que le référendum, qui donne au peuple des Grisons le moyen de repousser les lois dont il ne veut pas : l'initiative lui donne le moyen d'avoir celles qu'il veut et d'abroger celles dont il ne veut plus [22]. Elle appartient au peuple tout entier, et à toute fraction du peuple, et à tout citoyen, à condition de réunir les signatures de trois mille électeurs ; rien n'est au-dessus de sa portée, non pas même la constitution, que tout citoyen peut faire réviser en tel ou tel de ses articles ou même en sa totalité et à laquelle il peut en faire substituer une autre, si la majorité du peuple accepte et ratifie sa proposition.

La base territoriale sur laquelle repose, dans le canton des Grisons, le système représentatif, est le cercle, association ou plutôt groupement de communes. Le cercle est, après la commune, la première union administrative. Les trente-huit cercles des Grisons, très différens entre eux pour l'étendue, envoient au Grand-Conseil des députés en nombre variable [23]. Ont droit de participer à l'élection tous les Suisses domiciliés dans le canton, et le suffrage s'émet, au choix des électeurs, soit en des assemblées générales du cercle ou *landesgemeinden* [24], soit par commune, à mains levées ou au scrutin secret. Mais le cercle est, en outre, il est surtout une union judiciaire. Les assemblées du premier dimanche de mai, les *landesgemeinden*, élisent, en même temps que les députés au

Grand-Conseil et leurs suppléants, les membres du tribunal de première instance, qui se compose de six juges, et le président de ce tribunal, qui est aussi le président du cercle [25]. Le cercle a son autonomie, au moins une certaine autonomie, dans le domaine de l'exécutif et le domaine du législatif [26]. Ou bien, si c'est un peu trop dire, on peut dire du moins qu'il jouit d'une très large autonomie administrative. Et non seulement le cercle a sa vie légale, mais il a ses moyens de vivre, ses ressources à lui. Quelques-uns de ces cercles sont propriétaires de biens fonds : le cercle de Disentis possède une forêt, le cercle de Davos, une maison [27]. Qu'on examine donc le canton ou le cercle, si l'on veut arriver à l'unité irréductible, et comme au premier élément de la vie politique dans les Grisons, c'est à la commune qu'il en faut venir.

On aime, dans le canton des Grisons, à qualifier la commune de « commune souveraine ». Et, en effet, au point de vue du droit public, la commune est réellement souveraine. Elle nomme, chaque année, son président et les conseillers qui l'assistent. L'assemblée de la commune, *gemeindeversammlung*, se tient généralement le dimanche, après le service divin. Dans quelques villages, il y a encore, comme en Flandre il y avait le beffroi, une cloche spéciale pour appeler à la commune. Le président de la commune ouvre cette *gemeindeversammlung*, où l'on se rend de tous les villages et de tous les hameaux qui en dépendent, car la commune grisonne n'est pas agglomérée, ou, plus exactement, toute agglomération, même assez importante, ne forme pas, à elle seule, une commune. Au début de la séance, on lit le procès-verbal de l'assemblée précédente, puis l'on passe à la discussion des affaires, qui peuvent être nombreuses et de toutes sortes, l'assemblée communale devant être consultée sur les plus grosses questions et sur les plus petites [28].

A cette consultation ou à cette discussion, il est procédé en deux formes. Ou bien le *Weibel*, l'huissier communal, au nom du président, interroge les citoyens qui ont été anciennement honorés de fonctions administratives ou judiciaires : « Quel est là-dessus votre avis, monsieur l'ancien président, ou monsieur l'ancien conseiller [29] ? » Ou bien, tout simplement, on donne la parole à qui veut la prendre, et la discussion est souvent très vive. Il y a trois manières de procéder au vote : par mains levées, par séparation (ceux qui votent oui se rangeant à droite, ceux qui votent non, à gauche) et le scrutin secret avec l'urne [30].

Une complète égalité règne dans ces assemblées de la commune, et ce n'est que par déférence et par respect pour les vieux usages que l'on veut d'abord requérir l'avis des anciens présidents et anciens conseillers. Au reste, ces présidents ne sont pas d'une condition sociale et sont rarement, si l'on peut ainsi dire, d'une condition intellectuelle différentes de celles de leurs concitoyens : quelque instituteur retraité, quelque bas-officier revenu depuis vingt ans des armées licenciées du pape ou du roi de Naples, quelque garçon de café rentré au pays grison pour y vivre de ses gains économisés, un paysan, comme les autres, qu'on rencontre, sa faux ou sa fourche à l'épaule, et qui s'arrête, et, la plantant en terre, appuyé sur le manche, sans cris et sans gestes, parle posément de la dernière loi, comme un homme qui veut ce qu'il veut, dit ce qu'il dit, sait pourquoi il le veut et comment il le dit. Les échelons de la hiérarchie ne sont pas très élevés, les magistratures sont en pente douce : on y monte facilement, on en descend sans se blesser, et, grâce à elles, l'égalité se fait ou se maintient par en haut ; précieux privilège d'une démocratie qui se constitue en aristocratie, mais s'y constitue tout entière, qui prend, à sa façon, le ton aristocratique et garde l'esprit démocratique, et où, suivant une boutade fameuse, tout en s'appelant messieurs, on se traite vraiment en citoyens. La commune grisonne est libre et souveraine. Mais elle ne le serait que théoriquement et ne le demeurerait point en fait, si elle n'avait pas de quoi subvenir à tous ses besoins, si elle était obligée de faire appel au concours du canton, qui est, ici, l'Etat. Dans la pratique, elle est libre et souveraine parce qu'elle a, bien à elle, les ressources suffisantes, parce qu'elle est propriétaire, avec tous les droits du propriétaire, ou à peu près tous, quant à la disposition et à l'administration de ses biens [31].

A l'ordinaire, ces biens consistent en forêts et en alpes. L'administration des forêts de la commune est confiée à une commission particulière et à un forestier communal, sous la surveillance directe du président et des conseillers. Pour les alpes et pour chaque alpe, les usagers se réunissent en une sorte de syndicat qui a, entre eux, une certaine existence juridique et produit certains effets de droit. Mais la commune, ainsi qu'on l'a noté, est le plus souvent formée de plusieurs villages, hameaux ou

Charles Benoist

écarts. Il en résulte que toute la commune n'est pas, en tant qu'une seule commune, propriétaire de toutes les alpes et de toutes les forêts qui ne sont pas de propriété privée. Le terroir de la commune grisonne est si vaste et les montagnes, dans cette partie de la vallée, sont si denses que chaque village, chaque hameau, chaque écart a la sienne, c'est-à-dire qu'il a sa forêt et son alpe.

La législation moderne voudrait que toutes les alpes et toutes les forêts fussent la propriété de toute la commune, seule considérée comme être moral et corps politique, et, plus encore que la législation, ainsi le voudrait la jurisprudence fédérale [32]. Mais tout, dans les Grisons, résiste à cette prétention. Tout proteste, tout s'y insurge contre la lente et plus ou moins hypocrite abolition du vieux droit et des vieilles coutumes : pas plus que la Révolution française n'a pu, de vive force, substituer, en Suisse, la liberté jacobine aux libertés traditionnelles, pas davantage, en ce canton, la Confédération à tendances centralistes ne pourra substituer à la loi et aux institutions grisonnes une loi et des institutions qui tirent leur origine d'un principe abstrait ou d'une théorie, non point de la nature et de l'histoire.

Et c'est pourquoi, dans cette vallée, dans ce long défilé où la terre est si étroitement, si parcimonieusement mesurée aux besoins des hommes, il a été impossible de supprimer le « parcours », ce vieux droit ou ce vieil usage, en vertu duquel deux fois chaque année, au printemps et à l'automne, on ouvre au bétail la porte des étables, et, de tel jour à tel jour fixés par une décision de la commune, sans que nul puisse encore faucher et faire paître son propre pré, on laisse aller le troupeau où il veut sur les propriétés privées ; ou plutôt, pour un temps, deux fois par an, de tel jour à tel jour, il n'y a plus de propriétés privées : la jouissance, au moins, en est interrompue, la collectivité exerce une reprise et le domaine éminent de la commune, pour un temps, redevient un domaine effectif [33].

De la sorte, le bétail est nourri toute l'année : le printemps et l'automne, grâce au parcours ; l'hiver, du foin que chacun a récolté dans sa prairie particulière ; l'été, de l'herbe molle et épaisse des alpes communes ou communales. Mais, de même que toute la commune n'a point de droit sur toutes les alpes, de même tous les habitants n'ont pas, sur les biens de la commune, un droit absolument égal [34]. Car il y a, dans la commune officielle grisonne, jusqu'à trois communes distinctes : la commune politique, la commune bourgeoise, et la commune religieuse ou paroisse. Ce n'est pas une conception logique réalisée d'un coup ; c'est une formation historique par couches successives. Et, d'ailleurs, ce qu'on dit de la commune, on doit le dire aussi de tout le reste, dans le canton des Grisons.

Nous avons là, reconnaissable à bien des traits, une démocratie portée presque jusqu'à l'extrême : un gouvernement, une assemblée représentative, élus directement par le peuple qui ne leur abandonne jamais et ne leur délègue pas totalement sa souveraineté ; le référendum et l'initiative, donnant à la démocratie directe le pas sur la démocratie parlementaire ; une magistrature élue à tous les degrés, directement ou indirectement, par le peuple et parmi le peuple ; des magistrats, des juges, et non pas une magistrature, puisqu'ils sont pris, au choix, dans le peuple, et non dans une classe spéciale de juristes professionnels ; des communes souveraines, indépendantes au point de vue administratif et au point de vue économique, propriétaires, organisées, existant par elles-mêmes : véritables éléments vivants de l'Etat, qui est d'elles et pour elles, au contraire de la commune française, de la commune moderne, qui n'est que la plus petite division politique et administrative de l'Etat : en droit, une égalité absolue ; en fait, l'inégalité des conditions aussi réduite qu'elle peut l'être ; le sentiment de la liberté, vif et frais comme la brise des Alpes ; des lois très simples et toutes droites, faites par tous, intelligibles pour tous et que tous sont capables d'appliquer, — voilà sûrement les caractères d'une extrême démocratie, mais il y a plus, et quelques-uns de ces caractères sont justement ceux d'une démocratie historique, les marques et comme les titres, le certificat d'identité d'une démocratie si ancienne dans ses formes, qu'il n'y a point d'exagération à l'appeler une démocratie primitive.

Si l'on remonte dans le passé de ce pays, bien avant qu'ait été créé le canton actuel des Grisons, que voit-on ? Un Etat souverain, formé de trois ligues dont chacune a gardé une part de souveraineté ; né d'un serment, comme la Confédération elle-même, du serment juré sous l'érable de Trons, au commencement du XVe siècle ; prospère dès le XVIe siècle, adulte, constitué, pourvu, au XVIIe

Charles Benoist

siècle [35], d'un gouvernement qui, depuis lors, n'a guère changé. C'était un gouvernement de trois chefs, *die drei Haupter* : un pour chaque ligue, un pour la Ligue Grise, un pour la Maison de Dieu, un pour les Dix Judicatures. Les trois chefs se réunissaient aussi souvent qu'il était nécessaire et, quand ils le jugeaient utile, convoquaient l'assemblée des délégués des trois ligues [36]. Chacune de ces trois ligues avait sa Diète, qui en était comme le Grand Conseil. Le district n'avait pas d'existence politique. La base de l'État était le cercle, la judicature, et, dans le cercle, l'élément vivant était la commune.

C'est ce qui distingue l'État grison de l'Etat moderne, ce qui lui imprime un cachet de haute originalité : la commune y tient la première place. Toute la vie publique tourne autour d'elle ; elle est l'unité morale, sociale et politique ; elle est un État en miniature ; elle est, c'est-à-dire : elle était, car tout ce qu'elle est maintenant, la commune grisonne l'était — et plus encore — dans le passé. Elle avait tous les droits et tous les pouvoirs. Elle décidait en maîtresse de ses intérêts temporels et de ses intérêts spirituels. Au temps de la Réforme, ce n'est pas l'Etat, ce ne sont pas les ligues, ce n'est pas même le cercle ou la judicature, qui ont été appelés à se prononcer sur la foi. Les articles d'Hanz, cette *Magna Charta* de la liberté grisonne, réservent à la commune les résolutions en matière religieuse [37]. La commune était, comme elle l'est maintenant et d'une propriété moins contestée encore, propriétaire des forêts et des pâturages de quelque valeur situés sur son territoire. Comme aujourd'hui et tout naturellement, en soulevant encore moins de récriminations, c'était à elle que retournait, au printemps et à l'automne, toute propriété privée, pour quelques semaines, par l'exercice du droit de *Paschcommin*, auquel étaient soumises toutes les terres des particuliers. Comme aujourd'hui, elle réglait librement l'exercice de ce droit [38]. Elle avait le droit de chasse en plaine et en montagne et le droit de pêche au Rhin. Elle n'avait pas de seigneur, elle était son propre seigneur, et elle pouvait être réellement un seigneur, les ligues ayant, en Valteline, des sujets, et les communes étant souveraines dans chaque ligue.

Les judicatures aussi étaient souveraines dans leur ressort, au moins en matière criminelle. Leur nom le disait : *Hochgerichte* ; elles avaient haute et basse justice, la potence et la roue ; mais quel était l'élément vivant de la judicature ? L'élément vivant de la ligue ou de l'État, toujours le même, la commune. La judicature elle-même était comme une grande commune :*Jurisdictio seu communitas Desertinensis*, porte une ancienne description de la vallée [39]. Au-dessous de ces *communitates*, des *curtes*, communes plus petites et tribunaux pour les causes mineures, Tavetsch, Disentis, Trons, Brigels. C'étaient les communes, judicatures ou parties de judicature, qui, en tirant de leurs embarras d'argent, en aidant de leurs deniers, leurs seigneurs laïques et ecclésiastiques, avaient acheté leur affranchissement, s'étaient libérées de la dîme, avaient acquis le droit d'élire les juges des *Hochgerichte*, entre leurs citoyens, un ou deux par commune [40]. C'étaient elles qui désignaient les députés à la Diète ; chaque commune, chaque judicature, avait son président, son *mistral*, ses officiers, ses huissiers : « Si l'on regarde aux magistrats et aux tribunaux, écrivait un nonce apostolique en Suisse, il y a, dans les Grisons, autant de républiques que de communes [41]. »

Sur l'Etat grison et sur la commune grisonne, les flots de l'histoire ont passé sans que presque rien y fût changé. A la place des trois ligues, il y a le canton ; à la place des trois chefs, *Landrichter* de la Ligue Grise, *Bourgmestre*de la Maison de Dieu, *Landammann* des Dix Judicatures, il y a un gouvernement de cinq membres ; à la place du vieux Bundestag où les députés des *Hochgerichte* votaient suivant les instructions de leurs commettants, il y a un Grand-Conseil dont les députés ne sont plus liés par un mandat impératif, mais dont les décisions ne deviennent des lois que si le peuple les accepte : une démocratie jadis, une démocratie à présent et, sauf peut-être en un point ou deux, la même démocratie à présent et jadis. Une république de communes ; autant de républiques que de communes, puisque la nature n'a pas changé, et que c'est encore la même vallée se déroulant le long du fleuve, avec des villages de loin en loin, et, tous les trois ou quatre villages, une commune, et, toutes les huit ou dix communes, un bourg, chef-lieu de cercle, y formant comme un nœud vital, où toute cette liberté, toute cette souveraineté, toute cette démocratie éparpillée et toutes ces républiques éparses se concentrent et agissent.

Ainsi, dans la vallée du Rhin antérieur, l'immuable nature a gardé à peu près intactes les institutions, qui ont gardé à peu près intactes les mêmes formes. Le peuple s'y assemble toujours en *landesgemeinden*, par cercles ou par judicatures, à la même époque et dans le même enclos, dans le pré, dans le courtil de l'abbaye. A l'ouverture de ces *landesgemeinden*, on dit toujours la même prière, on emploie la même procédure, pour discuter sur les mêmes affaires, qui reçoivent les mêmes solutions. Le président ou les députés qu'on élit prêtent le même serment, sont, sous le même titre, investis des mêmes pouvoirs et se couvrent du même manteau. Les juges qu'on y nomme appliquent, avec le même bon sens, le même droit très simple, les mêmes lois à peine rajeunies, prononcent dans les mêmes termes, conformément aux mêmes coutumes, sous les mêmes pénalités. Les chansons que l'on chante, en ramenant de la *landesgemeinde* les magistrats nouvellement élus sont de vieilles chansons et les drames que l'on jouait, il y a une dizaine d'années encore, aux jours de fête populaire, aux solennités religieuses, judiciaires ou civiques, sont de vieux drames, comme cette *Passion* de Somvix où le Christ est jugé suivant la loi grisonne [42]. Quoique bien des générations se soient succédé depuis la première *landesgemeinde*, c'est toujours le même peuple qui s'assemble, au même dimanche de mai.

Il semble qu'il y ait en ce pays une force inépuisable de conservation et de durée, que la montagne y communique aux hommes quelque chose de sa perpétuité, de son éternité et que cette maigre terre, cette pauvre vallée ne veuille rien laisser perdre. L'antique Rhétie survit dans les Grisons et les mêmes légendes subsistent, embaumées dans la même langue. En grattant les saints, on retrouverait les divinités rhétiques et, par exemple, sous la sainte Marguerite chrétienne, une déesse païenne de la fécondité, une nymphe des eaux ou des bois [43]. La commune grisonne, c'est la commune rhétique, la commune celtique ; si l'on voulait expliquer la relation des institutions politiques aux institutions économiques et comment le chef du troupeau était en même temps le chef du village, ce que l'Irlande a permis de deviner, les Grisons le confirmeraient ; le *tgauvitg* grison, d'abord chef du troupeau et, durant des siècles, chef du village, éclairerait la transition.

La liberté grisonne, que célèbrent les poésies d'Anton Huonder, c'est celle que vantent et revendiquent d'âge en âge les chants populaires, celle qui faisait autrefois que les mères jetaient leurs enfans sous les pieds des chevaux des Romains victorieux, aimant mieux les voir morts qu'esclaves, celle qu'on a sauvée par le fer et retrempée dans le sang, qui a brisé les entraves féodales ; et c'est la liberté rhétique, que le paysan grison a défendue contre Napoléon Ier, comme jadis contre César-Auguste. Cette démocratie de paysans, c'est celle qui a fondé la Ligue Grise ; par une longue chaîne de héros et de magistrats obscurs, de capitaines et de législateurs de village, elle rejoint les démocraties paysannes de la Rhétie. Dès qu'elle réapparaît pour ne plus disparaître, au commencement du XVe siècle, elle se révèle telle que nous la pouvons voir encore : digne, fière, sans haine et sans envie, avec un très haut sentiment de la valeur personnelle de l'homme, avec un sentiment très net de l'égalité politique et juridique des hommes ; sûre de n'être, de nature, inférieure à qui que ce soit ; respectueuse des supériorités acquises, du talent, du savoir ; orgueilleuse des familles paysannes qu'elle croit capables et dignes de gouverner [44] ; écrivant familièrement : « *A notre cher ami* le roi de France, » et disant cérémonieusement : « Monsieur le docteur Martin Luther ; » amie de l'instruction et, dans tous les traités qu'elle conclut, réclamant des maîtres d'école. Mais dès sa réapparition elle est fixée, et, en un certain sens, elle est achevée : elle est, quant aux grandes lignes, ce qu'elle restera. Pour elle, le progrès ne sera guère qu'un mot.

Considérez attentivement l'histoire : ces montagnes n'y ont été que deux ou trois fois remuées par les événements, dans le bouleversement du monde : la première fois, par l'introduction du christianisme ; la seconde fois, par les efforts de la Réforme ; la troisième fois, par les secousses de la Révolution française. Mais, du premier ébranlement, le seul qui soit allé au fond, le roc grison et le peuple grison prennent la figure qu'ils garderont. Le peuple grison est et demeurera, sur son roc, une démocratie chrétienne ou une chrétienté démocratique, dont le christianisme résistera à la Réforme et la démocratie, à la Révolution. Ni la vallée, ni la race, ni la langue, ni les traditions, ni la religion, ni le roc, ni le peuple ne changent.

Sans doute, c'est vainement que l'on s'est abstenu de percer, dans cette enceinte de pics et de glaciers, d'autres ouvertures que celles que Dieu lui-même y fit à l'origine des temps : les cimes de l'Oberalp ne sauraient arrêter tous les vents et toutes les idées. Seulement, qu'une idée moderne, une idée allemande ou française, tombe dans le milieu grison, elle s'y comporte, non connue un ferment qui dissout les vieilles institutions, mais comme un aliment que les vieilles institutions s'assimilent. Saturée de catholicisme et saturée de démocratie, la terre grisonne, quand les idées modernes la touchent, les absorbe et les transforme. Le socialisme est entré dans la vallée du Vorderrhein, et il en est sorti le catholicisme social. C'est, en effet, un peu plus bas, vers le pays rhénan, que le catholicisme social est né, comme doctrine, des œuvres de Mgr de Ketteler ; mais c'est en cette vallée même qu'il a trouvé, pour l'action, son soldat le mieux armé, son plus entreprenant et son plus énergique champion, Caspar Decurtins. Qui ne connaîtrait en M. Decurtins que le tribun, à l'âpre, grondante et tumultueuse éloquence, le connaîtrait mal ou ne le connaîtrait pas du tout. Plus encore qu'un orateur, Decurtins est un historien : il n'est pas un discours et presque pas une phrase de lui qui n'ait pour substruction toute l'histoire des Grisons et de la Rhétie. Sa catholique et démocratique vallée, et toutes celles qui aboutissent au même fleuve et à la même histoire, il les sait pierre par pierre, arbre par arbre ; il les parcourt incessamment, ramassant les brins d'herbe et les brins de littérature, emportant comme des trésors le plus grossier caillou du Rhin et la plus naïve devinette de petit pâtre. Chroniques de moines, chansons de soudards, vieilles versions en langue romanche de l'Evangile ou du catéchisme, récits de voyages ou de pèlerinages, coutumes agraires, formules de droit ou de procédure, il recueille tout pieusement [45] ; il cherche en tout l'âme de la Rhétie, et dans toutes les vieilles choses il la trouve, cette âme catholique et démocratique, et il la voudrait souffler vivante dans les choses toutes nouvelles. Positivement, il est comme une incarnation de ce petit pays et de ce petit peuple devant les grandes questions qui agitent et qui travaillent l'univers contemporain.

C'est sa force aux Grisons, c'est sa faiblesse ailleurs. Qu'est-ce donc, après tout, que le catholicisme social ? Pas autre chose ou guère plus qu'une variété du socialisme d'Etat, mais qui, en plus de ce que supposent les autres, suppose un Etat chrétien, qui est, somme toute, l'Etat du moyen âge. Or, il faut l'avouer, si cet Etat chrétien du moyen âge s'est maintenu quelque part en Europe, c'est ici, c'est dans les Grisons. Quand le socialisme y pénètre, il y rencontre des institutions politiques et économiques où il s'encadre, auxquelles il s'incorpore ; il passe d'autant plus aisément dans l'Etat grison, que c'est, au résumé, la commune grisonne, une commune encore profondément marquée à l'estampille d'un collectivisme primitif. La redoutable question, la question sociale, y reçoit, sans trop de difficulté, une solution ou demi-solution *historique* et, si l'on peut le dire, *organique*. Mais, de toute évidence, cette solution ou cette demi-solution, elle n'est possible que là où, comme ici, on a en face de soi une démocratie paysanne, religieuse, traditionnelle, pleine de vénération pour les formes anciennes, peu soucieuse de se moderniser, ferme et comme momifiée dans le même idéal ; une démocratie qui est un assemblage de communes et d'associations, solide, à l'épreuve des siècles, enduite au dedans et au dehors du double ciment de la liberté et de la foi ; une démocratie qui, elle-même, est *organique* et *historique*. C'est le cas pour la démocratie grisonne, c'est plus ou moins le cas pour la démocratie helvétique, en général.

La conséquence en est que, pour la Suisse, les grands problèmes contemporains les plus urgents et les plus inquiétants ne se posent pas avec autant d'acuité, ne paraissent pas aussi gros de hasards et de risques que pour le reste des nations européennes, Etats centralisés où la commune est morte, où l'association n'est refaite que d'hier, monarchies ou empires à peine démocratiques, ou bien démocraties toutes récentes et inorganiques.

Partie III

En général, la démocratie helvétique, comme la démocratie grisonne que l'on a prise pour type, est une démocratie poussée presque jusqu'à l'extrême et, comme elle, c'est une démocratie historique. Que l'on observe la Confédération dans son ensemble, dans ses organes fédéraux, ou chacun des cantons séparément dans ses institutions particulières : dans les institutions communes à tous ses membres, dans ses organes nationaux ou locaux, partout on pourra constater que, d'une part, sauf les différences de degré, ces institutions et ces organes touchent à l'extrême démocratie et que, d'autre part, ils sont restés relativement pareils à ce qu'ils étaient, lorsqu'il a commencé à y avoir une Suisse et que la Suisse a commencé à avoir une histoire.

On sait en quoi consiste le gouvernement même de la Confédération [46]. Le pouvoir exécutif est confié à un Conseil fédéral de sept membres, qui président aux diverses parties de l'administration publique. Le Conseil fédéral équivaut à notre Conseil des ministres. Les membres du Conseil fédéral élisent, entre eux et pour un an, leur président qui est *ipso facto* le président de la Confédération [47]. Eux-mêmes sont élus pour trois ans par les deux Chambres de l'Assemblée fédérale, Conseil des États, Conseil national [48].

A chaque député appartient le droit d'initiative en matière de législation fédérale. Ce droit appartient aussi à chaque canton, et nous retrouvons alors l'extrême démocratie, la souveraineté populaire directe s'exprimant, passivement, par le référendum, activement, par l'initiative du peuple lui-même[49] ; la souveraineté populaire permanente, la démocratie directe, l'extrême démocratie, en matière fédérale. Il on coûterait peu de montrer que les choses, historiquement, n'ont pas beaucoup changé : quoiqu'elle ne soit plus tenue d'obéir aux instructions de ses commettants, l'Assemblée fédérale ressemble encore et toujours à la Diète ; la souveraineté populaire est toujours comme suspendue sur la tête des députés et, dans les questions vraiment importantes, ils ne légifèrent que *ad referendum*. (C'est même de la diète helvétique qu'est venu ce mot qui devait faire une si singulière fortune : les envoyés de chaque canton, munis d'instructions qui les liaient, ne décidaient de rien, écoutaient seulement pour en référer, *ad referendum*, et, à la diète suivante, rapportaient la réponse de leur canton.)

Comme la Confédération dont ils sont les membres, et comme le canton des Grisons qui nous sert de point de comparaison, tous les cantons suisses sont des démocraties, s'ils ne sont pas tous des démocraties du même degré[50].

Ou la législation directe par le peuple, ou le référendum obligatoire, ou le référendum facultatif : partout le référendum, presque partout l'initiative, et partout une démocratie nettement caractérisée, qui partout s'approche de la démocratie extrême et qui, plus ou moins ancienne, est une démocratie historique.

C'est une démocratie par ses institutions politiques ; c'en est une encore, et plus peut-être, par ses institutions économiques, par ses traditions, par ses coutumes et ses mœurs, par tout son *habitus*, par toute sa manière d'être. On ne trouve pas partout, comme dans les Grisons, le droit de *parcours*, ce ressouvenir ou cette survivance de l'antique communauté de village mais en beaucoup d'endroits on trouve l'*allmend*, qui n'en est pas une survivance moindre, et partout ou presque partout, dans les 3 200 communes de la Suisse, une commune très forte, avec des communaux très étendus [51]. Partout dans les 22 cantons, le droit ou le privilège de « bourgeoisie » est demeuré très vivant et très efficace, en sorte que tout Suisse a, pour ainsi dire, jusqu'à trois nationalités : il est Suisse, il est citoyen de tel canton, il est bourgeois de telle commune ; ou, si l'on veut, ces trois nationalités en font une seule, mais élevée à la troisième puissance : le canton et la commune en sont les facteurs. L'homme et la commune ne font qu'un ; où que l'homme s'en aille, en Suisse, la commune le suit comme son ombre. On n'oublie jamais de spécifier : Decurtins, *de Trons*, Scherrer, *de Saint-Gall*, Forrer, *de Winterthur*, comme on disait, aux premiers temps, Fürst, d'Uri, Stauffacher, de Schwyz, Arnold du Melchthal, d'Unterwalden. Jamais on n'oublie de localiser la qualité de citoyen, et ce n'est pas là seulement un rappel, une trace de fédéralisme : c'est la preuve que la commune n'est pas morte, qu'elle n'est pas affaiblie et qu'elle n'a point lâché sa prise sur l'individu [52].

Cette nation a des cases, cette société a des cadres : le grand organisme de l'Etat n'a pas tué les organismes plus petits. Assurément on ne trouve pas partout une foi religieuse aussi entière, aussi peu entamée que dans la vallée du Vorderrhein, et l'on ne trouve partout ni les mêmes institutions, ni les mêmes traditions, ni tout à fait les mêmes coutumes, ni tout à fait la même manière d'être, mais nulle part on ne trouve un peuple sans croyance formelle, et nulle part il ne manque d'institutions et de coutumes anciennes, contre lesquelles les nouveautés sont sans vertu et qui, pesant sur elles de tout le poids de l'histoire, ou les brisent, ou les réduisent à leur mesure et les façonnent à leur image et ressemblance. Devant cette multitude de petits organismes, bien vivants, communes et associations, les grandes questions contemporaines ne se posent pas dans les mêmes termes que devant l'Etat centralisé, ogre et géant, accapareur et destructeur de toute vie qui n'est pas la sienne ; elles se fractionnent, elles aussi, et, pour la Suisse, par exemple, comme l'État y est divisé en communes, la question sociale y est morcelée en questions communales.

Cela est rigoureusement vrai pour les contrées où, comme dans les Grisons, il n'existe pas ou il existe peu d'industries de type moderne et, s'il en faut rabattre pour les cantons manufacturiers, du moins reste-t-il rigoureusement vrai, et pour toute la Suisse, que la question sociale y peut recevoir ce que nous avons appelé une solution organique, une solution historique. On l'a souvent remarqué, dans les derniers congrès : le socialisme révolutionnaire est une espèce qui ne pousse pas et ne s'acclimate pas en Suisse. Dès que le socialisme s'y est fait jour, il s'est comme infusé et dilué dans les institutions ; il a donné naissance à une institution spéciale, le secrétariat ouvrier, mais cette institution elle-même n'est qu'un organisme de plus, qui ne dérange en rien l'existence normale du pays ; il s'est discipliné, il s'est classé ; il est passé dans la vie organique, dans la vie historique de la Confédération. Ailleurs, le socialisme est hors de la société et contre elle ; en Suisse il est dans la société. Il serait excessif de prétendre qu'il agit comme un aliment, mais non plus il n'agit pas comme un ferment mortel. Si le corps helvétique ne se l'assimile pas, il en supporte le virus atténué et il élimine, par mille institutions locales, ce qui pourrait lui nuire : tout ce vieux collectivisme communal, toute cette vieille démocratie diffuse lui sert comme de vaccin et lui confère une sorte d'immunité.

Mais il va de soi que les choses changeraient d'aspect et que la question sociale prendrait en Suisse la même gravité qu'ailleurs, qu'elle s'y poserait dans les mêmes termes, si la Confédération devenait un Etat complètement, absolument centralisé. Or on ne saurait nier que c'est la tendance de toute confédération de se resserrer en un Etat fédératif et la tendance de tout Etat fédératif, de se centraliser de plus en plus pour devenir un Etat parfait, ce qui ne signifie, dans le langage du droit, que parfaitement un [53]. On ne saurait davantage contester, à repasser les faits, que cette tendance vers la centralisation ait été, depuis un demi-siècle, celle du gouvernement de la Confédération helvétique. Elle est au fond de la guerre du Sonderbund, entre les lignes de toutes les constitutions postérieures à 1848, sous les articles de chaque loi fédérale. Un courant centraliste d'une grande puissance emporte, on le répète, la Confédération, mais il n'a pu encore vaincre la résistance que lui oppose un contre-courant régionaliste presque aussi puissant que lui.

Comme toutes choses en ce pays, la lutte de ces deux tendances se poursuit déjà depuis longtemps et vient de très loin dans l'histoire. Les partisans de la centralisation se recrutent surtout dans le Conseil fédéral et dans l'Assemblée fédérale où, en fait, prédomine encore l'influence des anciens cantons directeurs de Zurich et de Berne. Le siège de l'opposition, la place forte du régionalisme est dans les cantons ruraux, alpestres et forestiers, dans les cantons primitifs, dans les cantons à *landesgemeinde*, à démocratie directe. On le répète aussi, le courant centraliste et le courant régionaliste ont, l'un et l'autre, capté de la force aux courants religieux qui traversaient l'ancienne Confédération ; l'un au protestantisme et à l'indifférence ou à la libre-pensée, de toute philosophie et de toute secte ; l'autre au catholicisme, conservé pur et vivace au fond des campagnes, en plusieurs cantons, historique et social, véritable institution qui s'y confond avec les institutions politiques et économiques elles-mêmes.

C'est ce qu'il y avait dans la proposition sur laquelle le peuple suisse a été, par voie d'initiative, appelé à voter tout dernièrement, de répartir entre les cantons, au prorata de leur population, une certaine somme provenant du produit des droits de douane : le cantonalisme y prenait, plus ou moins franchement, l'offensive contre la centralisation ; et, plus ou moins ouvertement, la démocratie directe attaquait la démocratie représentative. Du fait que la centralisation a ses protagonistes surtout dans le Parlement fédéral et le cantonalisme, ses défenseurs surtout dans les cantons ruraux, à *landesgemeinde*, la politique actuelle, en Suisse, se présente sous une autre face. On est autorisé à dire qu'une bataille y est engagée, qu'il y a conflit entre le régime parlementaire et la démocratie directe.

Le phénomène n'est pas nouveau. Voilà une cinquantaine d'années que le célèbre historien Grote le prévoyait dans ses *Sept lettres sur les récents événements politiques de la Suisse*. Avec une perspicacité remarquable, il en marquait le sens et la portée [54]. Grote discernait clairement « que les gouvernements vraiment populaires, loin de mériter le reproche d'inconstance, se caractérisent quelquefois par une extrême ténacité d'attachement et que le mal à craindre de ce régime, — l'excès de tout bien étant un mal — serait probablement trop de conservatisme plutôt que trop de radicalisme [55]. »

Il nous paraît inutile d'entamer une discussion sur les in convenions respectifs de ces deux excès contraires ; ce qui est certain et ce qu'il faut noter, sans en vouloir déduire plus qu'il ne convient, c'est que la démocratie directe, en Suisse, s'est jusqu'ici montrée plutôt conservatrice, la démocratie représentative, plutôt radicale. Le référendum y a toujours ou presque toujours agi dans le sens conservateur. De 1874 à 1884, pour ne point parler d'expériences plus récentes, il a été procédé à onze consultations populaires, dans lesquelles dix-huit questions de tout ordre, politique et économique, étaient soumises au peuple ; dix-huit réformes ou innovations lui étaient proposées. Cinq fois seulement, il a répondu, oui ; treize fois, il a répondu : non. Parmi les cantons qui le plus fréquemment répondent : non, figurent les cantons catholiques ou fortement mêlés de catholiques, les cantons ruraux, les cantons primitifs, à démocratie directe, à *landesgemeinde* [56].

Là encore, s'affirme et s'accuse d'une manière saisissante la persistance des courants historiques. En Suisse, au moins dans une grande partie de la Suisse, c'est la démocratie directe qui est traditionnelle et historique ; c'est le régime parlementaire qui est une superfétation, de date récente. Aussi n'est-il personne qui n'ait été frappé, on ne veut pas dire du discrédit où est tombée l'Assemblée fédérale, puisque tout le monde prodigue à ses membres les marques extérieures du respect, mais de l'inattention qu'on met à suivre ses débats et du peu d'importance que l'on attache à ses résolutions. La raison de ce détachement est toute simple. Ce n'est point que le Parlement helvétique ne contienne pas d'hommes de valeur. Ses trois partis, radicaux, centre et catholiques, en ont plus d'un dont ils peuvent s'enorgueillir.

Sans remonter jusqu'aux morts et jusqu'aux disparus, sans rappeler les jours glorieux de Ruchonnet et de Welti (nous n'en sommes pourtant qu'au lendemain), il n'est pas permis de dédaigner un groupe comme le groupe radical, aux premiers rangs duquel on voit des chefs tels que M. Favon, de Genève, M. Comtesse, de Neuchâtel,

M. Brenner, de Bâle, M. Forrer, de Winterthur ; ni comme le centre, assez semblable à notre centre gauche français, pépinière de jurisconsultes et de financiers émérites, où la Confédération trouve toujours d'habiles négociateurs pour ses traités de commerce, refuge du libéralisme politique et de l'orthodoxie économique, où l'on compte MM. Crammer-Frei, de Zurich, Speiser, de Bâle, Hammer, de Soleure, Cérésole, de Lausanne, von Steiger, de Berne ; ni même une minorité comme le groupe des catholiques et des conservateurs, s'ils ont nom Muheim, d'Uri, Keel, de Saint-Gall, Theraulaz, de Fribourg, et Reichlin, de Schwyz.

Et ce n'est point non plus que l'assemblée fédérale ne travaille pas : il y a telle de ses commissions, comme la commission chargée d'étudier une loi sur l'assurance obligatoire, dont les procès-verbaux sont des monuments. Mais c'est que le peuple suisse, ayant toujours en main sa souveraineté, armé qu'il est et du *veto* et de l'initiative, sait qu'en définitive il ne cesse pas un instant d'être son propre législateur, qu'il n'aura que les lois qui lui plaisent et qu'il aura toutes les lois qui lui plaisent. C'est que, dans le Parlement helvétique, les partis n'ont plus de programmes ou que leurs programmes ne remuent plus le pays [57]. C'est que la vie de la Suisse n'y est plus, si elle y a jamais été. C'est, pour être bref, que le parlementarisme n'est que comme un placage sur l'histoire nationale.

Malgré les avertissements, la plupart des chefs radicaux attendaient du référendum et de l'initiative populaires tout autre chose que ce qu'ils ont donné. Leur désillusion n'a d'égale que la désaffection du peuple envers le parlementarisme [58]. Cette désaffection est commune aujourd'hui, de nombreux symptômes en témoignent, à toute l'Europe occidentale. En Suisse, elle ne se déguise pas. Déjà, un orateur a osé dire, à propos d'un projet de construction d'un nouveau palais pour les Chambres, que ce qu'il fallait songer à bâtir, c'était « le mausolée du parlementarisme. » Il allait, sans doute, un peu vite en besogne : un régime politique, une constitution sont morts longtemps avant que leur décès soit déclaré et qu'on leur fasse des funérailles officielles. Mais, pour l'assemblée fédérale, combien que doive durer la crise, elle traînera moins qu'ailleurs. Ailleurs, elle sera prolongée ou retardée, car on n'est pas sans inquiétude : soit, c'en est fait peut-être du parlementarisme ; mais après ? mais par quoi le remplacera-t-on ? En Suisse, le successeur est tout trouvé : la démocratie directe est toute prête ; d'autant plus que, chaque canton ayant sa législation propre, la législation fédérale peut être réduite au minimum. Et c'est ainsi que la lutte entre la démocratie représentative et la démocratie directe se ramène encore à n'être, sous une autre face, que la lutte entre le centralisme et le cantonalisme.

Les polémiques sur le service et les dépenses militaires ne sont, elles aussi, qu'un autre épisode du même combat. La Suisse, on le sait bien, n'est pas plus que n'importe quelle puissance en Europe, étant données les circonstances générales, libre de s'armer ou de ne pas s'armer. Si le militarisme y augmente, s'il en vient à menacer le vieil esprit et les vieilles traditions de la Confédération (il n'en est certes pas à ce point, mais il y tend) c'est à coup sûr, sous la pression extérieure de l'omni-militarisme européen, mais ce n'en est pas moins sous une poussée interne, la grande poussée vers la centralisation. Jusqu'où iront ces entreprises de l'État central ? Comment se terminera la lutte ? On ne voudrait pas s'aventurer à le prédire. Mais de deux choses l'une : Ou bien l'État central s'arrêtera à temps, et il sera temps qu'il s'arrête, lorsque, pour passer outre, il lui faudrait s'en prendre aux organismes locaux de toute taille et de toute nature — et alors il se pliera à l'histoire, ou bien il s'attaquera à ces organismes locaux — et alors c'est l'histoire qui l'arrêtera. Les chances sont, de toute façon, pour que force reste à l'histoire. Tout ce qu'on a tenté sans elle et contre elle, a échoué, dans la Confédération helvétique. La loi de la démocratie suisse est de travailler avec elle et de se régler sur elle. Car, ni en Suisse, ni nulle part, elle n'est ni révolutionnaire, comme quelques utopistes le disent, ni réactionnaire, comme quelques théoriciens le pensent : elle est conservatrice et évolutionniste.

Si, maintenant, on cherche ce que d'autres démocraties, la nôtre particulièrement, pourraient bien imiter de la démocratie helvétique, on est obligé de le reconnaître : rien ou presque rien à cette heure : les milieux sont trop différents.

La Confédération suisse est une démocratie de paysans : la France n'a jamais été une démocratie rurale. La démocratie helvétique est pauvre, simple et de mœurs familières, contente d'une honnête médiocrité : la France ne l'est pas ou ne l'est plus. La Suisse est attachée à d'anciennes libertés qui sont beaucoup plus près des franchises du moyen âge que de la liberté moderne : la France a oublié ces libertés anciennes et ne connaît plus que la liberté jacobine. La démocratie helvétique est foncièrement égalitaire : la France ne l'est pas, en dépit de toutes les belles phrases sur la prétendue « soif « que nous avons de l'égalité. La démocratie suisse est religieuse, cérémonieuse, respectueuse des us et des coutumes : la république française a cessé de l'être et s'en pique comme d'une élégance. La démocratie helvétique a précédé l'introduction, dans le monde, de la grande industrie et des problèmes terribles qu'elle soulève : la démocratie française l'a suivie.

La démocratie suisse, avant tout et par-dessus tout, est historique et organique : la démocratie française ne l'est pas ; elle a hérité de la monarchie une histoire et des organes monarchiques. Tout ce qu'il y avait, dans la monarchie même, d'éléments susceptibles de devenir les organes d'une démocratie, elle les a perdus et chose étrange ! aucun régime n'a plus contribué à les détruire que ceux dont le but déclaré était de fonder en France une démocratie. L'État centralisé a cru que, pour être par lui-même, il fallait n'être que lui seul ; il a fait de la société, de la nation et du peuple une poussière. Le département n'est pas ce qu'était la province, qui n'a jamais été ce qu'est le canton suisse. L'arrondissement ne vit pas ; le canton français ne vit pas ; la commune et l'association vivent à peine.

Le même vent socialiste et révolutionnaire soufflant sur la France et la Suisse, en Suisse, se brise aux montagnes et aux collines, à la commune et à l'association ; en France, c'est un ouragan déchaîné dans une plaine rase. Le suffrage universel, en Suisse, a beau être, comme chez nous, pur et simple ; il trouve dans les institutions locales, dans la commune, dans l'association, une base organique, tandis que chez nous il ne rencontre que le vide et demeure brutalement et stupidement inorganique.

Néanmoins, lorsqu'on dit qu'il n'y a rien à emprunter à la Confédération helvétique, on ne veut dire que : rien, quant à présent. Et même dès à présent, notre démocratie aurait à prendre de la Suisse quelque chose d'essentiel et de primordial : elle devrait se faire ou se refaire les organes d'une démocratie. — Rien que cela, d'abord ; mais cela.

Charles Benoist

Notes

1.   Sur l'histoire, et spécialement sur les origines, de la Confédération helvétique, sur sa formation, voy. Edward-A. Freeman, Histoire générale de l'Europe par la géographie politique, traduction de M. G. Lefebvre, p. 271-280. — Sir Francis Ottiwell Adams et C.-D. Cunningham, la Confédération suisse, édition française, publiée par M. Henry G. Loumyer, ch. I, p. 1-26. — Dr C. Hilty, Die Bundesverfassungen der Schweizeriichen Eidgenossenschaft. — Dr W. Œchsli, Die Anfänge der Schweizerischen Eidgenossenschaft. De ces deux derniers ouvrages, publiés pour fêter le sixième centenaire de la Confédération (1891), il a paru aussi une édition française. — Voy. encore Albert Rilliet, les Origines de la Confédération suisse ; Histoire, Légende.

2.   L'entrée de Lucerne dans la Confédération est de l'an 1332 ; celle de Zurich est de 1351 ; celle du pays de Glaris et celle de Zug, avec son territoire, de 1332 ; celle de la Tille de Berne, de 1353.

3.   La première période de la Confédération où son territoire s'agrandit sans qu'augmente le nombre des Confédérés va de 1353, date de l'accession de Berne, à 1481, date de l'accession de Fribourg et de Soleure. En 1501, Baie et Schaffouse, en 1513, Appenzell vinrent compléter le chiffre des Treize Cantons et ouvrir la troisième période de la Confédération, laquelle ne sera close que dans l'universel ébranlement produit par la Révolution française.

4.   Machiavel, Œuvres, Ed. Passerini et Milanesi, t. V, p. 255, Legazione XXIV. All' Imperatore Massimiliano in Germania, lettre 3, datée de Bolsano, 27 janvier 1507 (1508) : Hanno con danari in pubblico e in privato avvelenato tutto quello paese.

5.   Id., ibid., E credesi che questa ultima diela arà parturito uno berlingozzo, come le altre.

6.   Ib., ibid., Sarebbe maie servito l'uno Re, e peggio l'altro.

7.   Machiavel, t. VI, p. 319. Rapporte delle cose della Magna, du 17 juin 1508 : Non solamente sono inimici ai principi, ma eziandio sono inimici ai gentiluomini, perchè nel paese loro non è dell' una, nè dell' altra spezie, e godendosi senza distinzione veruna d' uomini, fuor di quelli che seggono nei magistrati, una libera libertà. Cp.Principe, XII, éd. Testina, 1550, p. 37, et Discorsi sopra la prima Deca, di T. Livio, libro I, cap. LV (même éd., p. 124) ce que Machiavel dit de l'Allemagne étant au

moins aussi vrai de la Suisse. Voy. encore Guichardin, Del Reggimento di Firenze, lib. I,Opere inedite, t. II, p. 49.

8.   D'une religion à l'autre, on s'entend contre les sujets de même religion qui se révolteraient. On traite de seigneurs à seigneurs et non plus de catholiques à réformés. Ainsi, les abbés de Wettingen et de Muri avec les régens de Berne et de Zurich.

9.   On en trouverait encore la collection, plus complète peut-être qu'en France même, dans la bibliothèque des vieilles familles militaires, et notamment dans les cantons les plus catholiques de la Suisse.

10.   Par l'entrée dans la Confédération du Valais, de Neuchâtel et de Genève.

11.   Il faut seulement faire observer que les Grisons ne sont entrés que très tard dans la Confédération, au commencement de ce siècle, on 1803. Jusque-là les Ligues grisonnes n'avaient été, pour la Suisse, qu'un État allié, mais un allié extérieur.

12.   Ascoli, Lettera glottologica.

13.   Las Poesias ded Anton Huonder, edidas de Dr C. Decurtins. Squitschau à Muster, p. 10-11. — Il pur suveran. Mlle Marie de Vogelsang a donné une adaptation allemande de cette poésie de Huonder, dans une étude : Ein Rest Agrar-Collectivismus, publiée par la Monatsschrift fur Christliche Socialreform, mais il n'est pas inutile d'en donner une traduction française littérale.

14.   Id. ibid., p. 13. Gl' ischi a Trun. (L'érable de Trons.)

15.   « Que notre ferme et libre main — Ne soit vouée qu'à la liberté — Notre cœur, notre libre sang — Voué à la fraternité ! » — Las Poesias ded Anton Huonder, p. 14. Gl' ischi a Trun.

16.   Ils ne peuvent exercer aucune profession active. Ils ne peuvent être ni médecins, ni avocats, ni commerçans en exercice. Ils ne peuvent faire partie d'aucun conseil d'administration. L'un d'eux seulement, un sur cinq, peut être membre d'une des deux Chambres fédérales.

17.   Le département de l'instruction publique et les départemens de la justice et de la santé sont pourvus chacun d'un comité consultatif de deux membres, nommés pour trois ans par le Grand-Conseil. Sur l'organisation politique des Grisons, on trouvera de bons renseignemens (en tenant compte des modifications introduites par la révision constitutionnelle du 3 juin 1892) dans la collection des Manuels Hœpli,

Charles Benoist

Ordinamento degli Stati liberi d'Europa, pel dott. Francesco Racioppi.

18.   Avec faculté de parler dans l'une ou l'autre des trois langues du pays, allemand, italien ou romanche.

19.   Le Grand-Conseil se réunit, chaque année, une fois, en session ordinaire, qui dure environ trois semaines et pendant laquelle les députés touchent 7 francs par jour, plus une modeste indemnité de voyage. Pour être membre du Grand-Conseil, il faut avoir vingt-trois ans accomplis. Chaque député a un suppléant. Le Grand-Conseil nomme, à chaque réunion annuelle, son président, son vice-président et trois scrutateurs. Dans les questions religieuses, le Grand-Conseil se divise en deux parties qui, d'après les anciens usages, s'appellent Corpus evangelicum et Corpus catholicum. Le Corpus evangelicum traite des affaires qui intéressent l'église nationale (cantonale) protestante rhétique ; il élit l'assesseur qui le représente à la réunion annuelle ou synode des pasteurs réformés. — Le Corpus catholicum surveille la gestion des biens qui forment la manse épiscopale, par l'intermédiaire d'une commission administrative de trois membres qu'il nomme à cet effet et qui lui en adresse rapport.

20.   C'est un des termes de la définition que le célèbre juriconsulte anglais Austin a donnée de la « souveraineté ».

21.   La Constitution précise même et énumère : soit une loi civile, soit une loi criminelle : soit en matière d'impôts, d'école, de forêts, de chemins, de chasse et de pêche, d'hygiène, d'assistance, soit sur n'importe quelle partie de l'économie nationale ; et, de même, pour toutes les ordonnances rendues en exécution des lois fédérales que pour toute création nouvelle d'emplois cantonaux, que pour toutes dépenses qui excèdent 100 000 francs une fois versés ou 20 000 francs chaque année, pendant cinq ans.

22.   Les lois, après qu'elles ont été deux années en vigueur ; les ordonnances, sans condition de temps.

23.   Coire, par exemple, a sept députés, mais beaucoup d'autres cercles n'en ont qu'un. Chaque cercle donne à son député un plein pouvoir écrit et régulier. A la fin des sessions, le Grand-Conseil élit une commission de trois membres qui rédige les lois soumises à la sanction du peuple et prépare le rapport aux cercles et aux communes sur les travaux de l'année.

24.   Ce ne sont que des landesgemeinden de cercle et non point des landesgemeindende tout un canton, comme dans Uri, Glaris, les deux

Unterwalden, les deux Appenzell. — Dans ces assemblées générales, soit de cercle, landesgemeinden, soit de commune, gemeindeversammlungen, on délivre à chaque votant une carte de légitimation. Le nombre des votans est officiellement constaté, car la majorité absolue est nécessaire pour tous les scrutins.

25.   Elles élisent, de plus, un ou deux juges de paix, compétens jusqu'à 30 francs.

26.   Il peut rendre des ordonnances en matière de finances, sur les questions économiques, administratives et de police, on matière d'hypothèques, d'assistance, etc.

27.   L'union supérieure au cercle, le district, est exclusivement judiciaire. Le district est formé de plusieurs cercles. Mais le tribunal de district n'est pas élu au suffrage direct. L'élection des six juges et du président qui le composent a lieu tous les trois ans, par le suffrage au second degré. Pour cette élection, chaque commune désigne, selon sa population, un certain nombre de délégués (Wahlen).

28.   Depuis une loi fédérale jusqu'à un règlement de pâturage.

29.   C'est la forme traditionnelle, suivie jadis dans les Diètes. Voy. Helvetia profana e sacra. Relatione de potentissimi XIII Cantoni Svizzeri detti della Gran Lega, fatta da Monsignor Scotti, vescovo del Borgo di S. Donnino, govematore della Marca (ancien nonce à Lucerne). Macerata, 1642, p. 22.

30.   Sur les matières fédérales, l'emploi de l'urne est obligatoire.

31.   Le gouvernement cantonal n'intervient, pour exercer une surveillance sur l'administration des biens de la commune, que s'il en est requis, dans le cas d'abus manifeste. Alors, la commune peut être « mise en tutelle ». Pour la vente des forêts, l'approbation du service forestier est nécessaire.

32.   Le tribunal fédéral qui siège à Lausanne, est le tribunal suprême de la Confédération ; ses arrêts font jurisprudence, comme, chez nous, ceux de la Cour de cassation.

33.   Le parcours n'est pas un usage ou un droit spécial aux Grisons. On le trouve, assure-t-on, là où il reste des vestiges vivans de propriété collective, en Allemagne, en Angleterre, dans la haute Italie. Mais ici, c'est le fond même de l'organisation économique du pays.

34.   Les habitans qui ne sont pas bourgeois payent une redevance

Charles Benoist

de pâture d'un tiers plus forte que celle qui incombe aux bourgeois eux-mêmes.

35.   Vov. Monsignor Scotti, Relalione, etc.

36.   Ibid.. p. 77-78.

37.   Les Articles d'Ilanz sont de 1522. Dans certaines communes, la religion a été choisie à la majorité d'une seule voix, que les traditions populaires attribuent, selon les cas, soit à un ange, soit à un diable.

38.   La commune avait même ses lois, ses coutumes écrites, qu'on pourrait comparer soit aux lois barbares du haut moyen âge, soit encore aux Kanouns kabyles. Voy. dans la Rätoromanische Chrestomathie, de M. Decurtins (I Band, 2 Lieferung, pp. 342 et s), les Statuts de Fûrstenau et d'Orlenstein et, dans le même volume (p. 320), la Formule du droit de Flims. Cf. La Lettre de la Terre, coutumes du pays de Sciions (p. 219), les Choses du Droit (p. 282), la Forme du droit criminel d'Ilanz (p. 286), leDroit des maléfices du pays de Schons (p. 289).

39.   Mauri Wenzini Descriptio brevis Communitatis Desertinensis, dans les Monatrosen, de Lucerne, XXVI Jahrg, 1881-82 : Heft III.

40.   Id., ibid., p. 388.

41.   Monsignor Scotti, Relatione, etc.. p. 77-78.

42.   Exemple frappant de la persistance des formes et preuve de la force du pouvoir judiciaire dans les démocraties anciennes : sur vingt-cinq scènes dont se compose laPassion de Somvix, vingt et une sont des scènes judiciaires. Voy. des Somvixer Passions-Spiel. Ein Vortrag von Dr C. Decurtins, dans les Monatrosen. Stans, 1878.

43.   Ainsi de la Vierge, de sainte Cécile, etc. Voy. L'Urbaire de Tavetsch, qui rappelle, sur plus d'un point, le Formulaire de Mersebourg.

44.   Voy. dans la Chrestomathie de Decurtins (I, 2, p. 358-370) les chansons dites de la Valteline. Voy. les Chansons sur Jean de Travers, la Chanson de la Montagne, celles sur le prêtre Rusca, sur la Diète, « le jardin où les voleurs croissent le plus dru », celle sur les Chats des différentes communes, qui rappelle les Chats fourrés de Rabelais.

45.   Outre la Rätoromanische Chrestomathie, qui fait pour tous les dialectes romanches (Surselvisch, Subselvisch, Sursettisch) ce que Alfons de Flugi n'avait l'ait que pour la littérature engadinoise et qui complète ce que les PP. de l'abbaye de Disentis ont fait pour les chants d'église avec leur Cudisch de Canzuns, M. G. Decurtins a publié nombre de dissertations

et de morceaux choisis sur la vallée du Vorderrhein, entre autres : Die Disentiser Kloster-Chronik des abtes Jakob Bundi ; Lucerne, 1888, et une étude sur le Landrichter Nikolaus Maissen, etc.

46.   Voy. là-dessus l'ouvrage, devenu très rare, du Dr.T. Dubs, le Droit public fédéral, et surtout le traité classique de MM. Blumer et Morel : Handbuch des Schweizerischen Bundesstaatsrechtes ; Bâle, Bruno Schwabe, in-8°, 2 tomes en 3 volumes, 1880-1891.

47.   Il n'est rééligible qu'un an après être sorti de charge.

48.   Le Conseil des États se compose de 44 membres, deux par canton ; le Conseil national, de 145 députés, nommés au suffrage direct, à raison de un pour 20 000 habitans. En ce qui concerne le Conseil des États, la durée du mandat et le modo de l'élection sont librement réglés par les lois de chaque canton. Au Conseil national sont éligibles tous les électeurs laïques. Est électeur fédéral tout citoyen suisse âgé de 20 ans, hors les exceptions d'indignité prévues et définies par les lois de son canton. Les députés sont élus pour trois ans.

49.   Le référendum est obligatoire dans un certain nombre de cas : s'il s'agit d'une révision de la Constitution fédérale, que la proposition en émane soit de l'Assemblée fédérale, soit de l'une des deux Chambres ou qu'elle soit la suite d'une pétition signée d'au moins 50 000 électeurs. Il est obligatoire encore sur l'approbation ou le rejet définitifs d'une loi, quelle qu'elle soit, « d'un caractère impératif général et de nature non urgente », votée par l'Assemblée fédérale — quand 30 000 citoyens ou 8 cantons au moins le réclament, dans un délai de 90 jours après la publication. De même désormais pour l'initiative, si 30 000 citoyens demandent que telle loi soit mise aux voix sur tel objet.

50.   Quelques-unes ne sont pas moins que des démocraties extrêmes, absolues et directes : plus absolues et plus directes que la démocratie grisonne elle-même, en ce que ces cantons n'ont point de Grand-Conseil, se gouvernent et s'administrent sans intermédiaire par une landesgemeinde périodique, qui est une assemblée de tout le peuple de tout le canton, non plus seulement, ainsi que dans les Grisons, unelandesgemeinde de cercle ou de judicature. Quatre cantons, dont deux cantons sont doubles, se régissent ainsi : Uri, Glaris, les deux Unterwalden et les deux Appenzell. Dans six autres cantons : Zurich, Berne, Schwyz, Soleure, Argovie, Thurgovie, et un demi-canton, Bâle-campagne, il y a, comme dans les Grisons, une assemblée locale de représentans du peuple, mais elle ne fait que préparer les lois, qui ne deviennent exécutoires

qu'après avoir reçu directement, expressément, la sanction populaire. Huit cantons : Lucerne, Zug, Schaffhouse, Saint-Gall, le Tessin, Vaud, Neuchâtel, Genève, et un demi-canton, Bâle-ville, admettent que les lois sont des lois et doivent être exécutées, aussitôt votées dans les règles par l'assemblée des représentans du canton ; mais, pendant un certain délai, la faculté y est réservée aux citoyens, en nombre déterminé, de réclamer sur chacune d'elles un vote populaire direct. Dans le Valais, le référendum est obligatoire, mais seulement pour les lois de finances : Fribourg est l'unique canton où le referendum n'existe en matière cantonale que pour la révision de la constitution, sans être applicable aux lois ordinaires. Mais il n'a pu, plus que les autres, s'y soustraire en matière fédérale.

51.   Voy. Ém. de Laveleye, De la Propriété et de ses formes primitives ; Paris, Alcan, 1891, 4e édit., p. 119-106.

52.   Cpr. les très judicieuses remarques de M. Canovas del Castillo, Problemas contemporaneos, III, Discurso del Ateneo : La Democracia pura en Suiza, p. 45-86. M. Canovas del Castillo observe justement que le canton suisse est comme une grande commune qui, par l'absence d'un pouvoir central assez fort, a pu atteindre son complet épanouissement.

53.   Voy. Sir Travers Twiss, Le Droit des gens, t. I ; En temps de paix, pp. 51,59, 61. Cp. Bluntschli, Geschichte des Schweizerischen Bundesrechts, 2e édit., 1875 ; La Politique, trad. franc., pp. 242 et suiv., Théorie générale de l'État, trad. franc., p. 416 et suiv.

54.   L'occasion lui en était fournie par une clause de la constitution cantonale de Lucerne, d'après laquelle toutes les lois discutées dans le Conseil législatif devaient être soumises au vote des citoyens de tout le canton, pour obtenir leur sanction souveraine ou échouer devant leur veto. « C'était une invention du parti ultra-catholique, et elle avait pour but de neutraliser l'opinion des catholiques libéraux, en les assujettissant à l'opinion moyenne de toute la population cantonale.

55.   Sir Henry Sumner Maine, Essais sur le gouvernement populaire, trad. franc, p. 66-67.

56.   Lucerne, Uri, Schwyz, les deux Unterwalden, Zug, Fribourg, Appenzell (Rhodes intérieures), Saint-Gall, les Grisons, Argovie, le Valais. Dans le canton de Glaris, la population est, pour les trois quarts, protestante. Voy. la magistrale étude de M. Théodor Curti, Geschichte der Schweizerischen Volksgesetzgebung, Zurich. 1885.

57.   Dans l'Assemblée fédérale suisse, il est très difficile de constituer

et de faire vivre des partis qui aient un programme, parce que les questions locales se mêlent incessamment aux questions de principes, ou bien, sur les questions de principes, il y a des points de vue locaux. Les radicaux de Berne ne pensent pas comme ceux de Lucerne, ni même ceux de Genève comme ceux de Lausanne. A plus forte raison, de Zurich au Valais ou aux Grisons. De même pour le Centre et les catholiques, quoique chez ces derniers l'unité de foi maintienne quelque unité de doctrine et de tactique. Et il faudrait tenir compte encore des différences d'esprit et de mœurs entre les cantons, ne fût-ce qu'entre ceux de la Suisse française et de la Suisse allemande.

58.   Voy. un tout récent article de M. Numa Droz, dans la Bibliothèque universelle et Revue suisse de novembre 1894.

ISBN : 978-1534870666

Charles Benoist

www.ingramcontent.com/pod-product-compliance
Lightning Source LLC
Chambersburg PA
CBHW062025280526
45787CB00005B/2215